D1664929

MANUEL THOMAS · Möglichkeiten des Wiedersehens

MANUEL THOMAS

Möglichkeiten des Wiedersehens

GEDICHTE

VERLAG »DAS WERKSTATTBUCH« MURNAU

Für Franziska

DAS WIEDERSEHEN

Die Möglichkeiten des Wiedersehens
sind ziemlich zahlreich:
Augenblicke der Verklärung oder
die Schrecksekunde der
verwandelten Erscheinung;
das Beinah-Vergessene,
wie unter Wasser: mit
verkleidetem Gesicht.
Die ruhigen Hände
der Erfreuten.

Dieses Wiedersehen,
verborgen in Abrahams Schoß,
erwählt seine Gesichter
ohne Rechenschaft.

ROM

I AUGENBLICKE

WINTER IN ROM

In kalten Nächten können
Zypressen komisch wirken.
Durch die meisten Tage
geht der Wind.
Überfüllte Omnibusse.
Wie immer: Wetterfühligkeit,
Attentate, im Petersdom
am frühen Morgen
allein. Grundlos nach Ostia,
trostlos wie alle Ferienhäuser,
die man versäumt hat einzuwintern.
Man spricht von Süden
und Sommer.

Die Architektur ist stärker
auf sich selbst angewiesen.
Die Erlebnisfähigkeit
ist ausgekühlt
begrenzter, darin
sich immer ähnlich. Die Wahrnehmung
bringt Wärme mit.

Nicht einmal der Abbau durch Wiederholung
tilgte die Reste
der halbwüchsigen Sehnsucht.

ROM I

Ganz selten Lieblosigkeit –
trotz Unmenge und Machtschein –
der Kunststücke aus
Stein auf Stein oder
auch Marderhaar
auf Leinwand oder Reiter
aus der verlorenen Form.
So auch Vorlieblosigkeit
bei Thermen und Katakomben,
Basiliken und Mosaiken,
bei den Caravaggios und Fontänen,
Gärten und Berninis.

Vereinfachend: Florenz
für die Renaissance, Paris
mehr für die Gotik, allemal
Adressen für Spezielles.
Diese Stadt aber
für die Menschen und
ziemlich viele
ihrer Götter, oft von
der Gottheit bester Seite.

ROM II

Dreitagebekanntschaften
haben ihr Gutes: abgeschlossen,
wenngleich fragmentarisch.
Rom für Dauerläufer,
Endspurt Frascati, die
Villa Aldobrandini.
Nur drei Tage, aber
immerhin, je nach
Merkfähigkeit.

Monate aber, aber
Jahre: nur Zeit genug,
die Schleier zu zählen,
mit denen das Antlitz der Stadt
sich umgab,
nach und nach.

ROM III

Vielleicht leichtfertig zu behaupten,
Einzelheiten der Wahrnehmung
verdichteten sich wie von ungefähr
zum Ganzen.

Jedenfalls leicht hergestellt:
Additionen, angeboten als
Sinnzusammenhänge; bestenfalls von
einem selbst, kaum
von Beobachtungen: Rom etwa
macht das alles unmöglich.

ROM IV

Das Gesehene
absehen, nachahmen
das Getane, verbrauchte
Luft aufbrauchen; im Napf,
grabbeigegeben,
kratzen
der Ruhenden.
Oder die Hoffnung, sich
in Katakomben zu verirren,
vergessen zu werden
in den Untergeschossen
von San Clemente, zumindest
von einem Taschendieb
an der Stazione Termini
gestohlen zu werden.

ROM V

Der Glaube an die Macht,
die Glaubensmacht also,
und die Macht des Glaubens,
der Machtglaube also,
wo sichtbar, sind selten
im Widerspruch, treten auf
als Geschwister oder als
Urvater mit Brille
oder ohne.
Es liegt an den liegengebliebenen
Zeichen: aus Stein;
nach Weihrauch, Blut und Wasser,
verdampft, verkrustet, veralgt.

FRÜHE MOSAIKEN
(Santa Constanza)

Zumeist Jesus Christus,
noch neu, erst
vor dreizehn oder fünfzehn Generationen
passus et sepultus,
wohl auch als Pfau,
dekorativ trotz Zwang
zur Bedeutung.

Einmal im Weinberg ein Karren,
Traube, Kelter und Glas:
über der toten Tochter
des Kaisers Konstantin
das Himmelreich der Trinker:
der eucharistische Alltag.

Aus Blüten und Früchten
in den Girlanden
das punktuelle Überleben
in Schönheit.

SAN CLEMENTE

Kein Engel nahm uns
bei der Hand, um uns
hinabzuführen – die Stufen,
ausgetreten von einigen
hunderttausend neugierigen Füßen,
sind so gefährlich nicht;
vielleicht scheute er auch die Schwelle
zum Heiligtum des Mithras oder
zur Schule der Heiden;
er wurde vielleicht gebraucht
in einer der höheren
Kirchen, die
Anbetung ineinanderschichten.

In der Tiefe der Geschichte,
auf der Sohle von San Clemente,
steht, vor Jahrhunderten freigelegt,
vor zweitausend Jahren gebaut,
ein Hauseck. Ohne Engel
stößt man noch immer
den Kopf daran.

PIAZZA SAN EUSTACHIO

Manchmal findet man Plätze,
die sich den Worten nähern.
Um andere Städte ist
ein Graben gezogen,
den nur Stumme oder Taube
überwinden.
Die Plätze lassen sich
nicht leicht unterscheiden.
Wahrscheinlich
wandern sie.

DER GARTEN DES PALAZZO BORGHESE

In manchen Gärten hat
die Zeit nichts verloren,
ist der Baum nur geduldet
als plastischer Vorwand,
nicht für Kurzweil und Dauer;
gehören Stamm, Stein und Bild
zur selben stummen Verwandtschaft.

PAUL VI.

I

Selten über den Tiber,
wenn man diesseits wohnt:
Trastevere und der
Kleinstaat der Katholiken,
magisch beschworenes Haupt
einer enthaupteten Welt,
für andere
zumindest kopflos.

Selten über den Tiber:
Krippenfiguren an der Porta Portese,
mit Bäuchen voll Ungeziefer.
Zwischen Alteisen und gebrauchten Klamotten
gestrandete russische Juden, die
exotische Zigaretten verkaufen
und Kopftücher, schwarze,
mit fetten roten Rosen.

Selten über den Tiber:
an Ostern in die Umarmung Berninis.
Auf dem Balkon von Sankt Peter
ein alter Mann, der
Sprachen übt.

PAUL VI.
II

Am Karfreitagabend 1977 regnete es.
Die Fackeln zischten.
Im Scheinwerferlicht schraffierte der Regen
das Kolosseum und den Bogen Konstantins.
Auf einer Estrade, weithin sichtbar
den Vierzigtausend, neben einem
seidenen Baldachin, vom Regen
niedergedrückt, verehrte
ein alter Mann
ein mannshohes Kreuz.
Weil der Regen anhielt,
ließ sich die Zeremonie verkürzen,
als der Greis schwächer wurde:
Von drei Uhr nachmittags
bis halb elf Uhr nachts
hatte er gebetet.

GRABSTÄTTEN IN ROM

Hier hatten teilweise Glück
die Toten:
einmal vor den Toren der Stadt
in kleinen Palästen;
manche überlebten
die geplünderte Herrschaft.
Einmal in Stollen, wie versteckt
in quergetürmten Spinden;
selbst ausgehöhlt
noch Ehrfurcht wert.
Einmal in Kirchen,
um die Auferstehung der Heiligen,
wenn nicht mitzumachen,
so doch anzuschauen.

DER PROTESTANTISCHE FRIEDHOF

Mir flößte, als Protestanten,
dieses Rom − mit oder ohne
Seda Gestatoria −
Gefühle ein
einer gewissen Minderwertigkeit;
oder Hohn als
andere Lösung, ich hätte denn einen
unbestechlichen historischen Standpunkt.

Mit einem Begräbnis im Schatten
der Cestius-Pyramide
gäben sich allerhand Widersprüche
im ökumenischen Tod.

DER GARTEN DER VILLA MASSIMO I

Seltener erblüht als gezeichnet
und früher auch
blühend gemalt:
der Umriß Lebensraum
zählbarer Tage.

Im sogenannten alten Baumbestand
Hinweis auf Form: schwarzgrüne Begrenzung.
Wechselfälle von
Anrainern und Wahrnehmung
als System unzähliger Jahreszeiten,
soweit sichtbar
im Ausdruck.

DER GARTEN DER VILLA MASSIMO II

Steinstücke nachahmender Erinnerung,
Sarkophage, die ihr Wesen entließen,
Spanische Wand aus Masse Baum.
Die Büsten verstehen sich
als Gesichter
quantitativ.

Kleine Bälle von Ahnungen,
hinaus und herein über umzingelnde Mauern,
Pförtchen mit Riegel,
und immer das gleiche Licht
wie über der Tiberinsel.

DER GARTEN DER VILLA MASSIMO III

Am frühen Morgen sind sie weicher,
die Parallelen aus Buchs.
Graues Mehl hat die Wege bestreut;
erst der Schritt
enttarnt die Kieselsteine.

II AUSFLÜGE

VILLA HADRIANA

Hülsen-Reihe eines Steinbruchs,
wo eines jener geplanten
Paradiese lag,
die noch im Spurenelement
gelassen stimmen.

Eine wetterunabhängige Anmut.

In der Gußform der geretteten Schändung
die Pockennarben eines
verschollenen Menschen.

UMBRIEN

Steine und Bäume, mehr noch von
den Starren als den Ölbäumen,
Zypressen gelegentlich oder
der Pappelersatz,
Pinien ganz selten,
Ölbäume.

Steine als Steinbrüche,
als Felder und Städte,
in der olivfarbenen Bewegung
als Kloster, Gehöft;
ein umbrischer Schreittanz
hinter gefiederten Fächern:
bergan, hügelauf, oder
gekettet an Linien
der Ebene, silber, echtgrün,
umbra.

FRANZISKUS I

Der Tuchhändlersohn, den sie
Franzos hießen, laut Legende
zwischen Ochs und Esel geboren
wie der kleine Gott, wurde, wie jener,
mit Kunstgeschichte vermauert,
versiegelt
mit flüssigem Gold.
Dieser wie jener liebte
die Aussätzigen; da diese
teils geheilt wurden, teils
ungeheilt starben, darf man
daran erinnern.

FRANZISKUS II

Da zogen die Städte,
aufrecht vor Neid,
die Bergrücken hoch, um beim Kampf
sich besser zu sehen; den Bruder
erschlug der Bruder.
Mein Bruder, sagte
des Tuchhändlers Sohn aus Assisi,
ist das erleuchtende Feuer,
meine Schwester ist,
demütig, kostbar und keusch,
das Wasser. Mit dem Blut
war er nicht verwandt.

FRANZISKUS III

Der Regen schwärzt
die nähere Erde, ferner
sind Wolken herabgeweht,
in jeden Augenblick hinein
und vor die rosafarbene Stadt
des Predigers, der sich
die Armut zur Frau nahm
und die Sonne
eine Schwester nannte;
ins Verhangene
sind sie entschwunden.

Doch Giottos Märchenbuch
verwischt nur die Nacht,
und nur an Ort und Stelle,
da die Goldene Legende
im Schatten Cimabues
ihre Bilder verteilt hat
auf unsichtbare Weise.

III NACH DER HEIMKEHR

EIN AUFENTHALT

Man käme so, so
ginge man: Zwei Wesen
hätten zu erscheinen
im Selbstbildnis, ein einziges
keinesfalls mehr, immer
geht man als ein anderer;
wenn man Glück hat: Hand in Hand
mit dem Urbild.

In welchem Garten man
den Fuß vergraben hat, wo
das Auge vertauscht, der
Mund vernäht wurde:
Die Heimkehr von Krüppeln
ist nicht vorgesehen,
Veränderung nur als
wunderbare Vermehrung.

Mit Dir gekommen,
mit Dir gegangen,
also verblieben und
mehr.

RÜCKBLICK

Oft kann man die Erwartung
noch anfühlen, wie sie
nicht oder anders
sich erfüllte. Zurückblickend:
Die Vorstellung und
die vorgestellte Wirklichkeit
springen von rot auf grün
und zurück.
Erinnerung ist Hoffnung
auf Gescheitertes.

NACH DER ERINNERUNG

Wir haben sie nicht berührt,
die Steine, die uns
verwunderten; in Greifhöhe nur,
die längst abgeschliffenen,
konnten wir weiterschleifen.

Das Abgesunkene
setzten wir nicht zusammen
als sichtbar. Wenn der Blick
packte, zerstob
das Gelb der Mimosen.

Schließlich die kindische Hoffnung,
verwandelt in Tivoli,
an Hadrians Kanopus oder in Nemi,
Caligulas Hain der Diana,
als Welle zu altern
oder als Strauch
vorläufig ewig zu sein.

AUS DER ERINNERUNG

Ob man am Ende dort gewesen ist,
wo man meint, daß
Licht und Duft
die Stofflichkeit entzogen?
Wo man meint, daß
das Gebaute als Ruine
sich vollendete?
Wo man meint, man sei hinaufgetaucht
zu Plätzen, die Unerschaffenheit
vertraulich macht und wo man
seine Toten wieder holen wollte
im stummen Echo, meinte man, von
selbstversagten Rufen?

Man war an einem dritten Ort,
nicht Leben und nicht Tod.

DIE HOFFNUNG

Ankunft, Zeit
ungefaßt, ein Gelübde
der Unversehrbarkeit, nur
Schwebe, vielleicht ein Ölbaum,
beinahe ewig, unentrinnbar
angemessener Fruchtbarkeit.

Wenn Später beginnt,
setzt an einigen Tagen
das Unwiederbringliche ein,
behauptet sich in Augenblicken
ganz ohne Hilfe
des früher Erlebten;
oder erinnert
an Maße und Gewichte.

Am Ende hat die Wahrnehmung
keinen Spielraum mehr:
Abschied ist: die Zeit.

DAS HEIMWEH

Es gibt zuviele Kirchen
in der Stadt, zuviele
Taschendiebe und Museen,
Villen, Ruinen, Fremde, Autobusse,
Paläste, Katakomben, Brunnen,
Mimosen, Päpste,
Entführungen,
Lärm, Schmutz,
Mord. Es gibt zuviel
Heimweh nach der Stadt.

IRLAND

I

Die Nacht hat eine dünne Tür.
Tastet man die Schleifen ab,
die die Nacht um Berge wirft,
riecht man an den
langen Bändern, die sie
in die Furchen stopft,
zerrt man an den
dichten Knäueln,
die sie zwischen Äste steckt,
reibt man an der schwarzen Farbe
auf Marys Gesicht,
tritt man
durch die dünne Tür der Nacht.

II

Namen — I spell you — englisch.
Gälisch:
Laute des Anfangs
holpern und singen
auf den kleinen Inseln des Westens.

Tanze das Lied der Unterdrückung,
decke die toten Eroberer zu.
Vergraben in den Steinbrüchen
der nationalen Monumente
brechen die alten Grasnarben auf,
bluten grün.

III

Braun die Pfeiler,
getrocknetes Blut
der Männer und Rösser.
Gelbe Dächer, triefend
im Herbst von Hexen,
den sanften Flüchen
der Verlassenden:
durchquellend Tropfen um Glas,
um Mauern zu schmelzen,
aufgegeben
mit dem sicheren Mörtel
der Unsichtbaren.

IV

Lahmt dein Fuß, mein Kleines,
bist du scheel, mein Kind?
In einem runden Berg im Himmel
wohnt Saint Patrick,
seine Ohren sind zu dick
für deine Tränen.
Die heilige Jungfrau
nimmt Warzen weg,
die Königin Maeve
mästet die Schafe,
doch dich
bete ich gesund.

V

Ein Haus, ein Stall, ein Feuerplatz,
gesponnen, zerschlissen.
Verwinkelt die Zeichnung,
zerrieben, zerbrochen
die Fäden des Strohs und des Regens
von Spinnen und Wolle;
zusammengeknüpft zum
Fähnchen der Auswanderer.

VI

Have a drink, Séan,
laß die Weiber beten,
deine Schwestern suseln.
Zähl die Beine, rundgebogen
und vom Whisky-Glas gestreckt,
der verstreuten Wicklow-Schafe,
die pints, die
der Vater trinkt,
die yards, die
die Mutter spinnt.
So lernst du zählen und messen.

Oder du zählst,
wenn du sie je zu sehen bekommst,
die gelben Strahlen,
die der Pfarrer
um ein rotes Herz herum
sich auf den Bauch
gemalt haben soll.

VII

Verblassende Flüche.
Die Milch
ist nicht versiegt,
die Weide
nicht verdorrt,
das Haus
nicht zerfallen.
Wer war gezwungen,
fortzugehen über das Wasser?
Wo ist das Gras
saftiger? Dort,
wo der Himmel höher ist,
weil die Häuser höher sind,
die Flüsse länger,
weil mehr Fische schwimmen?
Wenn sie zurückrollen,
die sich ausgeworfen haben,
auf den Spulen
ihrer Verwünschungen,
sind sie Fremde.

VIII

Die Türme haben eine steile Stille.
Weiß sind manche Ruinen.
Aufgeschnittene Grabhügel
fangen nicht zu sprechen an,
oder sehr leise.
Torf brennt dunkel.

Schafe tragen bunte Zeichen.
Niedrige Nebelnaht.
Hellgrüner Regen.

Alle haben ein Geheimnis.

MAROKKO

DER SAUMPFAD

Den einzigen Saumpfad
schwemmte ein einziger Regen hinweg, Hassan.
Sei froh:
Niemand findet die Zelte des Stammes,
der seine Toten verschleiert
mit Teppichen.

Die Stürme der Wüste trieben
in den Atlas die Minarette
als Pfeile, Hassan, sei froh:
Du kannst Leitern anstellen
an Allahs Saumpfad.

BENA MIT DEM BUCKEL

Dieses Kleid
will sie zur Hochzeit tragen,
Bena mit dem Buckel.
Bena, verschließe
die Augen, weil sie so schön,
so schön sind.

Um den Buckel nähen
will ich dir dieses Kleid, Bena,
Stumme,
damit der Freund es ablösen wird,
wenn du die Augen aufschlägst
wie Gold und Seide.

DER FÄRBER

Die Hochzeit pflücke ich
dir von den Bäumen,
ich presse dir aus Wurzeln
Tod oder Feste.
Zieh deine Ziegen aus,
Ochse und Schaf,
aus Tuch und Leder
werden schönere Häute,
bis du sie dann
zum Markte trägst
aus Sand und Sand.

DAS ENDE DER ALTSTADT VON FES

Wo die Steine,
angeatmet, angeatmet,
ihre Sprache verloren,
wo das Haus,
geschunden, zerdrückt,
seine Decke abwarf:
In einer Mulde,
vergessen von Wasser und Blatt,
in einer weißen Mulde,
entdeckt und verscharrt
von rostigen Hufen,
werden wir wohnen,
bauen ein Dach
aus den Händen von Toten
und pflanzen Blumen
auf Zungen von Kindern.

TUNESIEN

SIDI BOU SAID

Stadt aus Licht des
Herrn Bou Said:
mit den aus Himmel
geschreinerten Türen, den Gittern,
geschmiedet aus den Türkisen
des Meeres zu Füßen.

In weißen Webbahnen
geschrumpfte Apfelköpfe
alter Frauen am Mittag;
die Männer haben sich
verborgen mit Blumen
in ihrer Gemächlichkeit.

Wer möchte da nicht
leben, wer möchte da
leben? Die Entscheidungsfreiheit
des Halbtagesausflugs
zwischen Traum und der
Ahnung von Kloake
ist hilfreich.

AUF DEM HEIMWEG

Manchmal, wenn man
weggeht, sich abwendet, wenn man
zurückfährt, wird der Geruch
zum erstenmal deutlich,
und an den Sohlen könnte
Teer kleben.

Das Vergebliche
gewinnt Fleisch in Gedanken,
in einem Luftzug:
So flüchtig wie nie,
diese Berührung spürt man
stechend und heiß;
gewalttätiger Anfang, wenn man
sich abwendet, weil man
gemeint hatte, nie
angekommen zu sein.

VON EINER ORIENTREISE

JERUSALEM

Fundamente von Geißelsäulen
jeglicher Größe: Sandburgen und die
Erinnerung des Tempels.

An den verdorrten Kreuzungen
alles notwendige Lebendige.

Auf der Suche nach Gräbern,
so von Else Lasker-Schüler,
findet man Straßen.

DAS HAUS DER MARIA IN EPHESUS

Versteckte Lichtung im
hochgelegenen Hain,
gesichtslose Luft
der Behutsamen.

Ein Weg, eine Quelle,
das Bündel flackernder Kerzen,
wächserne Siegel als Licht:
Hier war, hier soll.

Nicht zu beten:
Das Schattenwort
fällt schwerer.

SHIRAZ

Damals, wer die Stadt sah,
lobte Allah:
Er wollte die Gärten
und das Abbild dazu
aus Silber und blauem Email.

Hafiz verließ
ein einziges Mal nur
das Roslicht des Strauchs,
aus dem noch starrend
die Blüte die Kälte verfärbt.

Die Häuser des Gottes,
dieses oder jenes,
leiden nicht unter dem Mißbrauch
des Namens des Herrn.

ISFAHAN

Den Armengeruch
übertölpeln Gewürzpaläste,
oder auch nur Backofendüfte,
Heiterkeit der Nahrung.

Vorübergehend sammeln
die Feste der Kuppeln
die offenen Wünsche ein:
in vollendeter Blendung
der von Schah Abbas und
Scheich Lothfalla
gekachelten Paradiese,
auf schwankende Pfeiler gebunden:
Stuck und Fleisch.

PERSEPOLIS

Die Reste des Anfangs
angerührt, gestreift
die Treppen früher Ziele,
Ruinen gestülpt
über die Konstruktionen
der Erinnerung,
Erweckungssturm
auf die flachen Gesichter
der schönen Reliefs.

Selbst Krönungen
verheißen Sterblichkeit.

BYBLOS

Ratlose Göttergevierte;
als noch Poseidons Meer
anschlug, krallten
viele sich fest, und so,
nur durch Ankunft,
töteten sie.

Später bestimmten
Umstände andere Orte,
und noch einmal
verdarben die Toten.

INDIEN

ABEND IN GOA

Die Dämmerung
hat hier gestutzte Flügel.
Genau bemißt
der Schmelzpunkt des Tages
die See aus Metall:
bis das schnelle Dunkle
darüberfliegt.

Die weiche Luft wird zärter.

Die letzten Tagesreste
sind kleine Feuer
am Mandovi.

FATHEPUR SIKRI

Akbar, als das Wasser
in Fathepur Sikri versiegte,
verließ die kaum erbaute Hauptstadt
und zog den Hof nach Agra.

Seitdem bieten in Fathepur Sikri
Audienzsaal und Gärten,
die Pavillons der Frauen
und der Mutter,
die Große Moschee und die Tribüne
hinter den neun Toren
sich jedermann an,
vorläufige Wiedergeburt
in jedermanns Schatten, unterwegs
zu Allahs Paradies.

KHAJURAHO I

Die Verstörung der Wohlmeinenden,
die wollüstige Schadenfreude der
Besserwisser, der Reiz
des Ahnungslosen:
Unter Leibern besteht
keine Auswahl außer dem
Fleisch, der Bewegung,
im Gegensatz zu den
Schattenrissen der Wisser und den
Ordnungen von Lettern
wider das Alphabet.

KHAJURAHO II

Das ganze Land versammelt
alle seine Körper
auf Tempelhäuten:
Die Prozession der runden Glieder
umfängt Shiva und Jain
in den Schreinen der Wallfahrt.
Die Perlenkette der Brüste:
Lust von Lust
des Göttlichen.

Nach Westen unter
den Kuppeln Allahs
versammelt bildlos das Land
seine Körper im Umriß
von Nische und Pforte,
hinabgezogen vom Meißel
in Fäden und Tropfstein
über die Sarkophage der
früheren Liebenden.

BENARES

Hier sterben. Erlösung
ohne die Zwänge des Wanderns;
die Scheiterhaufen lodern
bei Tag und Nacht.
Selbst die Knochen
aus früheren Bränden
in weiter Entfernung
salbt der Fluß.

Das weiße Gewand der Witwe.

Die Stadt ist voll von wunderbaren Müttern,
den Kühen, und die heiligen Äffchen
auf den Tempeldächern, klein wie
das blaugesichtige Krishna-Baby
auf Miniaturen, jagen sich
Früchte und Läuse ab.

Über die Gates wogt es zum Wasser:
verhungernd, fromm, neugierig,
bettelnd, sterbend und krank.
Milch und Honig für die Dürstenden,
die Lauschenden der dicken Lehrer
im Schatten Palmenschirm, für
Shadu, Asketen, Händler, alle
Unerlösten. Es nährt und reinigt
der heilige,
der schmutzige Fluß.

ERSTE ANKUNFT

Mag sein: die befangene
Wahrnehmung des Beginns
soll sein bei der Berührung
ungewohnter Wirklichkeiten.

Die Entfernung
für die Reinzeichnung,
die Reinzeichnung
für die Zerstörung der
Krankheitskeime,
die Zella des Tempels
desinfiziert.

Der Schmerz als Beweis
der unbefangenen Berührung
fällt aus.

ANGKOR THOM, DER BAYÒN TEMPEL

Dieses selige Lächeln der
turmhohen Göttergesichter,
nach außen gekehrte
Siegel und Rätsel,
hat auch etwas Spöttisches:
wieder einmal
überlebt, vielleicht,
weil Dschungelschlieren
den Blick verklammert hielten,
während feindliche Brüder,
nur so zum Beispiel,
sich Augen ausrissen und Glieder.

DIE ANDEN

I

Triumphbogenlinie,
berührbar
ohne Bedeutung nur
an den Füßen.
Umgeworfene Idole,
kopfhinten aufgeschlagen,
sichtbar gelegentlich
ein aufgeblähter Leib,
manchmal Schenkel.
Die Lebenden verwahrt
der hochgelegene See.

II

Purpurklüfte und
Schwarzspalten, die
aufstehen vor der Sonne:
Tote im Feuer.

Oft umwickelt
der Himmel mit Wolken
die Mumienschädel. Die Armen
fluchen voll Ehrfurcht
der Unfruchtbarkeit.

III

Maiskörner, hochgescheucht
über Llareta-Polster und Kakteen,
hoch wie die Jungfrau
von Copacabana über
dem Titicacasee:
vita, dulcedo,
Granznarbe
des Lebens.

Nur noch ganz wenige
Kartoffelarten
begleiten mit winzigen Blüten
und süßen Knollen
der Jungfrau ersten Schritt
in die noch dünnere Luft
der Himmelfahrt.

SÜDAFRIKA

I

Es können beim besten Willen
nicht alle gleich riechen.
Bekanntlich reagieren Häute
verschieden auf ein Parfum.

Laß die Neger doch sagen,
wir röchen wie verfaulte Karotten.
Sie selber stinken.

II

Dein Großvater hat
natürlich nicht
Shakespeare gelesen –
kannst du denn inzwischen lesen?,
aber er hat vielleicht
ein Ritual gekannt,
verschneiden, vernarben,
eine alte Geschichte,
den Feuertanz
zwischen Strausseneiern.
Nachdenken, mein Junge:
Mit sowas könnt ihr euch
besinnen auf euch selbst,
Traditionen, soweit;
eigene, jedenfalls.

III

Ein Haus mit dunklen Balkendecken
und unter weitausschwingenden Messinglüstern
polierte und gebeizte
Erinnerungen, bis ins siebzehnte,
haarklein wie bei Jan van Steen,
nur gebaut im Burendienst
von Schwarzen, von Schwarzen
noch heute geschrubbt,
poliert, gebeizt.
Küche. Wäsche.
Das Blumenstecken.

Heute lassen wir längst
sie selbst für sich
Häuser bauen, nette kleine,
doch mit Dusche, WC
(ohne Rückfrage, ob sie sich wirklich
auf den Umgang damit verstünden),
weil in der dutchreformed bible
zu lesen ist: Das Vermischen
ist verboten.

IV

Die Diener im Club, zumal
die alten, sind gute und nette
Diener. Ich
behandle sie alle gleich,
ob black oder colored,
die guten und netten
unter den alten,
wie Diener.

V

In einem Restaurant in Capetown,
wo zu servieren
auch für einen Weißen
eine Ehre wäre, hat man
uns ausgewählt
nach dem Ton
unserer Gesichter. Sonst
tragen wir Handschuhe.

BERLIN-KREUZBERG

I

Käse und Trödel und
umlautgespickte Reklameschilder und
Transparente für und gegen
Wölfe und für das Kindergeld
für die anatolischen haben
Halbmond und Stern
aufgezogen, das Sarglager
ist zweisprachig, ebenso sind
Holzpantinen jedweder Art
auch für Christen
ausgeschildert.
Eindeutig sind
die Gerüche im Kreuzberger Izmir,
bei Regen hin und her,
bei schönem Wetter
sonnen sie sich stolz.

Maschinengewebtes, röhrender Hirsch
oder Große Moschee,
Aubusson-Pracht für fleckige Wände
fliegender Händler aus Berlin
und Westdeutschland.
Die Kundschaft, bitte,
möchte türkisch sein.

II

Ruinen in Ruinen,
Hinterhöfe in Hinterhöfen;
wie manchmal auf Bildern
Bilder vorkommen.
So in 'du'
andere: 'du',
nicht genug, was
du
Geld hinlegst, mehr zahlen
du
als in Istanbul,
du,
Qualitätsware hier.

Alles will eben
gelernt sein.

III

Die Scheiben werfen sich
von selber ein, oder sie schmelzen.
Fassaden bröckeln ab, wenn sie
nicht gepflegt werden.
Nach einiger Zeit
bröckeln auch gepflegte
Fassaden ab.
Auch wenn das Fernsehen den Nachbarn
freundlich beschrieben hat, nicht nur
als wirtschaftlichen Faktor, können
Gerüche einen verwehen, ein,
zwei Stadtteile weiter.

Früher aß hier niemand
Kebab, Baklava
war ein Fremdwort. Andere
benutzen ein Lexikon, selten,
zum Einkaufen. Manche sind nett,
mit rabenschwarzen Schnurrbärten,
manche haben nun doch
zuviele Kinder, vor allem
die Frauen.

IV

Warum soviele Fremde
so hautnah untereinander,
warum soviele Fremde
am selben Platz?
Auch getrennt
blieben sie doch Fremde.

V

November am Plane-Ufer,
morgendliche Prozession
geblümter Schlafanzughosen,
Kunstseiden-Kopftuch, grell.
»Die fühlen sich wohl,
höchstens das Klima.«

Falls es schneit am Plane-Ufer,
auf dem Markt vom Bosporus:
Parade der langen
grauen Unterhosen,
falls es schneit, wer
kennt den Himmel?

Segensreicher Händler-Flug:
hinter Couch oder Bett biegbare
Minarette gehängt, in die man
das Kleine wickeln könnte
bei plötzlicher Kälte.

DIE PFALZ

PFÄLZER WALD

Wenn von Wanderwegen
die Rede ist,
prunkt so
nicht jede Landschaft; sonst aber
ähnlich: hin und her
oder im Kreise.

CUIUS REGIO

Nicht jeder in dieser Gegend
erinnert sich noch an die
Religionszwiste in dieser Gegend.
Wer sich aber daran erinnert,
gibt die Erinnerung
nicht preis.

OKTOBER

Selbst die Fänge der
Weinlese, Beerenlese, Jahrgangsfeier
sind süßsauer eingelegt,
womit man an Gemeinschaft
sich betrinken kann,
ohne Herz und Magen
zu übersäuern.

SPEYER 1689
I

So zu leiden unter dem
geschleiften Schicksal:
als wäre es bei Todesstrafe
verboten, Monumente
kurzfristig abzusagen;
dieses Lebendige
wäre bedürftig.

SPEYER 1689
II

Als die Kirchen die Häute abwarfen,
zersprangen die Lockrufe der
zurückgebliebenen Heiligen.
Kupfer und Messing eilten
zum durstlosen Fluß,
Bleigüsse für schwarze Auguren.

Ein prasselnder Wind stampfte
die Reste von Geschichte
auf die Sohlen der tiefliegenden
Barbaren-Wege.

SPEYER 1689
III

So zu leiden unter dem
geschleiften Schicksal:
Ein Jahrhundert hat
Türen aufgestoßen, ein anderes hat
Türen zugeschlagen. Unser Jahrhundert
hat die Domtüren
erneuert.

ERWÄHLTES LAND

Jede Landschaft
ist auserwählt:
Latium von den Päpsten,
vom Rübezahl das Riesengebirge,
das Meer vom Himmel,
von den Pfälzern die Pfalz,
oder je nachdem,
etcetera.

MAI

Sind in den Grenzflüssen
ertrunken
die Geheimnisse des Inneren?
Eingedrückt in die Weinnarbe ist
die Hoffnung auf Vergessenheit.

Das Schattenreich
heißt Baumblüte.

HEIMAT

Gebrannte Kinder, die eine,
gebrannte, die keine
Heimat haben.
Die Grenzen sind fließend geworden,
sagt man und meint
nicht die Flüsse.

DIE REISE NACH KRUMAU

Für Greti Martini

UNTERWEGS

Seilakt mit Asphaltboden
zwischen hier und dort,
ist gleich
dort und dort
oder hier und hier.

Der Empfang wird sein:
wie Stumme sich begrüßen
oder augenlose Dinge
sich wiederfinden,
wenn Nähe
ergänzt wird.

Ob so
das Alter beginnt?

FREISTADT

das liegt nahe
an der heutigen Grenze.
Heutigen Grenze.

Von uns aus war es
eine Reise, keine
weite, nein, aber
eine Reise.
Helene wohnte hier,
weißt du, und
liegt hier begraben.
Das heißt, lag begraben.
Das kannst du
alles nicht mehr wissen.

GRENZEN

machen mir immer Angst,
alles, was man
überschreitet.
Grenzen, die Angst machen,
Angst, die
Grenzen zieht.

WASSER

duftend nach Fluß,
oder stinkend.
Die härteste Straße,
damals,
des Abschieds.

Wir Kinder vertrauten dem Fluß
Hoffnungen an.
Früher;
zu früh.

NACH KRUMAU

die Straße, irgendwie hat
sie sich verändert;
oder ich
habe mich verändert.

Die Wiesen machen
einen ordentlichen Eindruck.
Der Wald.

Teiche.

BEINAHE DREISSIG JAHRE

das Wiedersehen hinausgeschoben,
zu lange, um
Gefühle zu haben, die man
ablehnen müßte; aber wenn
die Kindheit
die Dämme bricht −

Vielleicht haben die anderen Menschen
sich andere Häuser gebaut,
sie könnten den Marktplatz
vergraben haben.
Am Ende trägt
das Schloß eine Tarnkappe.

Der Rest wären
Bäume, Steine, Wolken.

DIE STADT

werden wir liegen sehen,
sobald die Straße wieder abwärts führt.

Eine Wand aus Glas,
die sich beschlägt.
Ein Vorhang, der sich
öffnet oder schließt.
Die Hände haben
das Greifen verlernt.
Straßen aus Schaum.
Füße aus Eis.

Können Gerüche
Konturen aufziehen,
Mauern umreißen,
aufsteigen
als Türme?
Durchsichtige Stadt:
immer auch Wald.
Der Fluß, aufgerichtet,
wandert senkrecht.

Das war das Gymnasium.
Dort wohnte der Pedell.
Ich bin froh,
daß er tot ist.

IN DIESEM HAUS

war früher kein Hotel.
Ich weiß es, wir haben
gegenüber gewohnt.
Früher war
kein Hotel in diesem Haus.
Es gab genügend Hotels
in anderen Häusern,
in jeder
Preislage.
Warum hat man in dieses Haus
ein Hotel getan?
Das überrascht mich, nie
gab es früher ein Hotel
in diesem Haus.
Nein.
Wirklich nicht.

DER ONKEL

sei schon vor Jahren gestorben,
sie hätten es uns geschrieben.
Ihre Sprache haben wir
einmal gelernt.
Wie Sprachen sind:
jede eignet sich
für bestimmte Sachen.
Wie Menschen sind.

Die Pakete für den Onkel
haben sie behalten.
Bedankt
haben sie sich auch.

DAS ELTERNHAUS

ist etwas anderes für Seßhafte. Leute,
die oft die Wohnung wechseln,
sagen: Eine relative Größe.

Das Übersiedeln
wurde nachgeholt,
das Haus
blieb. Die Türklinke
wägt nur die Hand, nicht
das Gesicht. Auch nicht
der Seßhaften.

DIE SCHWELLE

als Abgrund.
Erinnerung an die
Erinnerung.
Wälle zuerst,
dann Gitterstäbe.

Der Schritt:
Steinblumen
am Verblühen,
zerfallend zu neuen Mustern
von Elternhäusern.

MEINE TOCHTER

wurde noch hier geboren. Wo,
wollte sie nicht sehen.
Sie läßt die Leute grüßen.
Der Name der Stadt klinge
wie Weihnachten
ohne Evangelium.

DER GERUCH

ist er ähnlich?
Wie war
der Geruch?
Es gibt
einen Geruch.

Die Gräber wären auch bei uns
längst aufgelassen.
Sie haben die Häuser renoviert.
Ihre Häuser.
Den Eintritt haben sie
nicht verwehrt.
In ihr Haus.

Heitere Malereien,
immer heiter,
im Schloß auf den gelben Flammen.
Ein alter Mann,
der meinen Namen kennt.

DAS LAND

war nicht mein. Mir
hat die Stadt
nie gehört oder
das Haus.

Vielleicht besaß ich den Grundriß,
die Menge Luft, die
jenes Zimmer füllte;
die Wände nicht.

Auch die Neuen wandern.
Diese Mauern sind ihnen
nicht wichtig.
Andere Begrenzungen
beschäftigen sie
mehr.

EIN TAUSCH

ist nicht vorgesehen.
Eine Rück-Verwandlung
kehrt nicht um. Die Veränderung
ist nicht wünschenswert.
Die Wahrnehmung richtet sich nach
unzähligen Imponderabilien.
Bedauern kann
verstanden werden
als Neid, manche
unterschieben den Tränen
den Haß. Das Vertraute
entfernte sich grußlos.

ÜBRIGENS

kunsthistorische Details,
soweit interessant,
Geschichtliches,
Witigonen,
Silber, Holz, Tuch:
die dicken Hauber der Dächer.

Übrigens, ist es
leichter, ein Haus zu verlassen
oder
es zu betreten
oder es
wieder zu betreten?
Übrigens, der Wald der Kindheit
war schwärzer,
er hat sich gelichtet.

Menschen wie Malereien,
die ihre Heiterkeit
behalten dürften?

III Nach der Heimkehr

IRLAND

MAROKKO

TUNESIEN

VON EINER ORIENTREISE

INDIEN

DIE ANDEN

SÜDAFRIKA

Erschienen im Januar 1981
in einer Auflage von 1000 Exemplaren
im Verlag »Das Werkstattbuch« · 8110 Murnau · Am Stocket
Gesetzt aus der 10 Punkt Times
Gedruckt bei Siegbert Wiesendanger · Murnau-Riedhausen
ISBN 3 - 921773 - 05 - 9 (Kt)